001

002

003

004

005

006

007

008

009

010

011

012

013

PLATE 1

014

016

017

015

018

019

020

021

022

023

024

025

026

PLATE 2

027

028

029

030

031

032

033

034

035

036

037

038

039

040

041

PLATE 3

055

056

057

058

059

060

061

062

063

064

065

066

067

PLATE 5

069

070

071

072

068

074

075

073

077

078

076

079

080

PLATE 6

081

082

083

084

085

086

087

088

089

090

091

092

093

Plate 7

094

095

096

097

098

099

100

101

102

103

104

105

106

107

108

PLATE 8

109

110

111

112

113

114

115

116

117

118

119

PLATE 9

120

121

122

123

124

125

126

127

128

129

130

131

132

133

134

PLATE 10

135

136

137

138

139

OSTRICH

140

141

142

143

144

145

146

PLATE 11

147

148

149

150

151

152

153

154

155

156

157

158

159

160

PLATE 12

161

162

163

164

165

166

167

168

169

170

171

172

173

PLATE 13

174

175

176

177

178

179

180

181

182

183

184

185

186

PLATE 14

187

188

189

190

191

192

193

194

195

196

197

198

199

200

PLATE 15

201

202

203

204

205

206

207

208

209

210

211

212

PLATE 16

213

214

216

215

217

218

219

220

224

222

225

221

223

226

PLATE 17

227

228

229

230

231

232

233

234

235

236

237

238

239

240

241

242

PLATE 18

243

244

245

246

247

248

249

250

251

252

253

254

PLATE 19

255

256

257

258

259

260

261

262

263

264

265

266

267

268

PLATE 20

269

270

271

272

273

274

275

276

May your life be your life be peace.

277

278

279

280

281

282

PLATE 21

283

284

All Joys be thine!

285

286

287

288

289

290

291

292

293

294

295

Plate 22

296

297

298

299

300

301

302

303

304

305

306

307

308

PLATE 23

309

310

311

312

313

314

315

316

317

318

319

320

321

322

323

PLATE 24